Eyk Dr. Ueberschär

Grundlagen des Grundstücks- und Grundbuchrechts

GRIN Verlag

Bibliografische Information der Deutschen Nationalbibliothek:

Die Deutsche Bibliothek verzeichnet diese Publikation in der Deutschen National-
bibliografie; detaillierte bibliografische Daten sind im Internet über http://dnb.d-
nb.de/ abrufbar.

Impressum:

Copyright © 2015 GRIN Verlag GmbH
Druck und Bindung: Books on Demand GmbH, Norderstedt Germany
ISBN: 978-3-656-87952-7

Dieses Buch bei GRIN:

http://www.grin.com/de/e-book/287635/grundlagen-des-grundstuecks-und-grund-
buchrechts

GRIN - Your knowledge has value

Der GRIN Verlag publiziert seit 1998 wissenschaftliche Arbeiten von Studenten, Hochschullehrern und anderen Akademikern als eBook und gedrucktes Buch. Die Verlagswebsite www.grin.com ist die ideale Plattform zur Veröffentlichung von Hausarbeiten, Abschlussarbeiten, wissenschaftlichen Aufsätzen, Dissertationen und Fachbüchern.

Besuchen Sie uns im Internet:

http://www.grin.com/

http://www.facebook.com/grincom

http://www.twitter.com/grin_com

Grundstücks- und Grundbuchrecht

1. Das "Grundstück" im Sinne der Grundbuchordnung

Die gesetzlichen Vorschriften, in denen der Begriff "Grundstück" auftaucht, knüpfen nicht an das Verständnis im tatsächlichen Sinne, an den allgemein täglichen Sprachgebrauch an, wonach ein Grundstück ein äußerlich erkennbarer abgegrenzter Teil der Erdoberfläche ist, der in irgendeiner Form genutzt und bewirtschaftet wird.

Vielmehr liegt den gesetzlichen Bestimmungen eine formale Abgrenzung - der Begriff des Grundstückes im Rechtssinne - zugrunde, die auf das Kataster - ein amtliches Verzeichnis der Grundstücke - und auf die Eintragung als Grundstück im Grundbuch Bezug nimmt.

Das sogenannte Liegenschaftskataster bildet die Grundlage für die Darstellung des Grundstückes im Grundbuch und damit für alle an ein Grundstück geknüpften Rechtsbeziehungen. Es wird von den zuständigen Vermessungsbehörden geführt und besteht aus einem beschriebenen und einem dargestellten Teil.

In dem beschriebenen Teil (sog. Flur- oder Liegenschaftsbuch) werden die einzelnen Vermessungseinheiten (Katasterparzelle oder Flurstücke) nach Lage, Wirtschaftsart und Größe beschrieben und mit einer Nummer oder Buchstaben bezeichnet. Eine Gruppe von Flurstücken wird wiederum zu größeren Einheiten - Bezirken - zusammengefaßt (sog. Gemarkungen), die ihrerseits durchnummeriert werden.

Der darstellende Teil besteht aus der sog. Flurkarte, einem Kartenwerk, auf dem alle Flurstücke nach tatsächlicher Lage und geometrischer Gestalt eingezeichnet und mit der jeweiligen Flurstücknummer gekennzeichnet sind. Gemäß § 2 Abs. 2 GBO werden die Grundstücke nach den Nummerbezeichnungen des Katasters benannt. Jedoch decken sich die katastertechnische Bezeichnung und der Grundstücksbegriff im Rechtssinne nicht zwingend.

Vielmehr kann das Grundstück im Grundbuch sowohl aus einem einzelnen Flurstück (sog. Idealgrundstück), als auch aus mehreren Flurstücken bestehen (sog. zusammengesetztes Grundstück).

Ein Grundstück kann indes niemals nur aus einem Teil eines Flurstückes bestehen oder umgekehrt ein Flurstück nie mehrere Grundstücke umfassen.

Entscheidend für den rechtlichen Grundstücksbegriff ist also, ob das Grundstück im Grundbuch auf einem besonderen Grundbuchblatt geführt wird oder bei gemeinschaftlichem Grundbuchblatt eine selbständige Nummer erhält.

Letztlich läßt sich festhalten: Ein Grundstück im Rechtssinne ist ein katastermäßig vermessener und verzeichneter Teil der Erdoberfläche, der im Grundbuch als Grundstück geführt wird.

2. Die Bedeutung des Grundbuches in der Praxis

Das Grundbuch ist ein öffentliches Register. Es hat die Aufgabe, zuverlässig und erschöpfend Auskunft über die Rechtsverhältnisse an einem Grundstück zu geben. Insbesondere soll es die Eigentumsverhältnisse offenlegen, die dinglichen Belastungen kenntlich machen und die Rangverhältnisse festlegen.

Damit es seine Aufgabe erfüllen kann, besteht Eintragungszwang. Dies bedeutet, zur Übertragung des Eigentums, zur Belastung des Grundstücks mit beschränkten dinglichen Rechten, zur Verfügung über diese Rechte sowie zur Veränderung und Aufhebung genügt nicht eine Vereinbarung zwischen den Beteiligten bzw. eine Verzichtserklärung des Beteiligten, erforderlich ist zusätzlich die amtliche Registrierung der Rechtsänderung (§§ 873, 877, 875 BGB).

Diese Regelung verhindert rechtsgeschäftlichen Erwerb außerhalb des Grundbuches und führt so zu der erstrebten Übereinstimmung zwischen materieller Rechtslage und Grundbuchinhalt. Gleichzeitig bietet das der Eintragung vorgeschaltete Verfahren Gewähr dafür, daß die von den Beteiligten gewollte Rechtsänderung den Rechtstypen angepaßt ist, die das Sachenrecht bereitstellt, und daß Hindernisse, die der Verwirklichung des Parteiwillens entgegenstehen, rechtzeitig erkannt und, sofern möglich behoben werden.

Nicht nur der Eintragungszwang, sondern auch die strenge Prüfung des Eintragungsbegehrens in einem förmlichen Verfahren rechtfertigen die Erwartung, daß das Grundbuch die materielle Rechtslage zutreffend widerspiegelt.

Wer von einem eingetragenen Nichtberechtigten Rechte erwirbt oder an einen eingetragenen Nichtberechtigten eine Leistung erbringt, wird geschützt (§§ 892, 893 BGB). Er darf sich sogar darauf verlassen, daß der Buchungsstand vollständig ist.

Die Richtigkeitsvermutung (§ 891 Abs. 1 BGB) wird durch eine Vollständigkeitsvermutung ergänzt (§§ 891 Abs. 2, 892 Abs. 1 Satz 2 BGB), soweit es nicht um Rechte und Verfügungsbeschränkungen geht, die im öffentlichen Boden - und Abgabenrecht wurzeln, wie gesetzliche Vorkaufsrechte, öffentlich-rechtliche Lasten und Genehmigungsvorbehalte zu Gunsten einer Behörde.

Das Grundbuch bietet also nicht nur eine unverzichtbare Voraussetzung des Grundstücksverkehrs, es trägt auch in hohem Maße zur Rechtssicherheit bei. Insbesondere für die Kreditwirtschaft ist es von überragender Bedeutung.

Ob ein Kreditsuchender in der Lage ist, hinreichende Sicherheiten zu stellen, läßt sich vielfach nur aus dem Grundbuch ersehen.

3. Aufbau und Einteilung des Grundbuches
3.1. Der Aufbau, § 3 GBO

Seinem Zweck nach soll das Grundbuch die für den Rechtsverkehr notwendigen Informationen über ein Grundstück enthalten.
Hierzu gehören: die Bezeichnung, Größe und Lage des Grundstücks, die Angabe des Eigentümers und der Rechtsgrund des Eigentumserwerbs, die mit dem Grundeigentum verbundenen Rechte (zum Beispiel ein Wegerecht an einem anderen Grundstück), sowie die auf dem Grundstück ruhenden Lasten.
Nach der grundsätzlichen Regelung des § 3 Abs. 1 Satz 1 GBO wird für jedes einzelne Grundstück ein gesondertes Grundbuchblatt angelegt und geführt, auch wenn dem Eigentümer mehrere Grundstücke gehören. Aus Vereinfachungsgründen können jedoch alle Grundstücke eines Eigentümers im Bereich eines Grundbuchamtes in ein gemeinschaftliches Grundbuchblatt eingetragen werden (§ 4 Abs.1 GBO).
Der erstgenannte Regelfall wird als sogenanntes Realfolium bezeichnet, weil an der Spitze das Grundstück (res) steht.
Der zweite Fall - Zusammenschreibung unter dem Namen des Eigentümers - wird Personalfolium genannt, weil hier das Grundstück durch die Person des Eigentümers (persona) gekennzeichnet ist. Das Personalfolium ist für Gebiete mit überwiegend kleinparzellierten Streubesitz geeignet.
Gemäß § 3 Abs. 1 Satz 2 GBO stellt das Grundbuchblatt, in dem ein Grundstück eingetragen ist, für dieses das Grundbuch dar. Der Inhalt dieses Blattes ist für den öffentlichen Glauben (§ 892 BGB) maßgebend. Grundbuchblätter werden aus technischen Gründen überwiegend in Loseblattsammlungen geführt (Einzelhefte mit herausnehmbaren Einzelbögen; § 2 GBVfg.).
Soweit keine Ausnahmen vom Gesetz zugelassen, besteht gemäß § 3 Abs. 1 Satz 1 GBO für alle Grundstücke und grundstücksgleichen Rechte grundsätzlich ein Buchungszwang.
Buchungsfrei sind nach § 3 Abs. 2 GBO im wesentlichen die Grundstücke der öffentlichen Hand. Deren Eintragung kann aber jederzeit jeweils vom Eigentümer beantragt werden.

3.2. Die Einteilung
3.2.1. Die Aufschrift (siehe Anhang)

Die Aufschrift gibt das Amtsgericht, den Grundbuchbezirk, die Nummer des Bandes und des Blattes an.
Die Gliederung des Grundbuchblattes erfolgt in insgesamt vier Teilen, § 4 GBVfg.:

3.2.2. Das Bestandsverzeichnis, §§ 6, 7 GBVfg.
(Anhang, Bestandsverzeichnis 3 Tabellen)

In den Spalten 1 - 4 des Bestandsverzeichnisses wird das Grundbuch unter Bezugnahme auf das Kataster näher bestimmt.
Es beinhaltet dazu:

- die laufende Nummer des Grundstückes,
- die aus dem Kataster zu entnehmenden Angaben über Gemarkung (Grundbuchbezirk), die Parzellennummer, die Karte, in der die Parzelle verzeichnet ist, die Größe des Grundstückes, die Wirtschaftsart und die Lage,
- die mit dem Eigentum verbundenen Rechte.

Die Spalten 5 und 6 machen Angaben über die Herkunft des Grundstückes; desweiteren werden hier Teilungen, Vereinigungen und Bestandteilszuschreibungen eingetragen.
In den Spalten 7 und 8 sind Abschreibungen vom Grundstücksbestand ausgewiesen.

3.2.3. Die erste Abteilung, § 9 GBVfg.
(Anhang, Erste Abteilung, 2 Tabellen)

Hier werden die Eigentumsverhältnisse des betreffenden Grundstückes dargelegt.
In Spalte 2 ist der Eigentümer bezeichnet.
Spalten 3 und 4 weisen für jedes im Bestandsverzeichnis genannte Grundstück den Erwerbsgrund für das Eigentum aus (Auflassung, Erbgang, Ehevertrag). Liegt Miteigentum oder Gesamthandseigentum vor, sind die Anteile der Berechtigten bzw. das Rechtsverhältnis anzugeben, daß für das gemeinschaftliche Eigentum maßgebend ist.

3.2.4. Die zweite und dritte Abteilung, §§ 10,11 GBVfg.
(Anhang 3, 2 Tabellen 2. Abteilung)

Wie sich aus der Tabelle erkennen läßt, bestehen beide Abteilungen aus drei Hauptspalten.
Die erste Hauptspalte beinhaltet die dinglichen Rechte und Vermerke, welche auf die Beschränkung des Eigentümers in seiner Verfügungsbefugnis hinweisen.
Hauptspalte 2 weist nachträgliche Veränderungen des Rechtszustandes aus.
Die dritte Hauptspalte läßt erkennen, ob die Belastung noch besteht oder bereits gelöscht ist.
Die zweite Spalte gibt Auskunft, welches Grundstück im Bestandsverzeichnis mit einem dinglichen Recht belastet und bei welchem Grundstück die Verfügungsbefugnis des Eigentümers eingeschränkt ist.
Bei den Eintragungen in der zweiten und dritten Hauptspalte ist die laufende Nummer angegeben, un-

ter der die entsprechende Eintragung in der Spalte 1 vermerkt ist.

Gemäß § 16 GBVfg. wird bei Eigentümerwechsel am Grundstück der Name des Berechtigten rot unterstrichen. So läßt sich die Entwicklung der Eigentumsverhältnisse genau zurückverfolgen.

Gemäß. §§ 13, 14, 17 Abs. 2 GBVfg. gilt eine solche Regelung auch für die Löschung der Eintragungen im Bestandsverzeichnis sowie der zweiten und dritten Abteilung. Danach wird eine nicht mehr geltungsberechtigte Eintragung gerötet, was der Übersichtlichkeit des Grundbuches dient. Dies wäre für eine Löschung weder erforderlich noch ausreichend. Nach § 46 GBO ist allein der Löschungsvermerk von Bedeutung. Fehlt dieser Löschungsvermerk, ist das gelöschte Recht trotz Rötung noch "eingetragen".

4. Die Tätigkeit des Grundbuchamtes

Vom Grundbuchamt - bzw. dem zuständigen Grundbuchbeamten - werden nur gesetzlich zulässige Eintragungen vorgenommen.

4.1. Tätigkeit nur auf Antrag

Regelmäßig wird der Grundbuchbeamte nur auf Antrag des Antragsberechtigten tätig, wenn:

- eine Rechtsänderung eingetragen werden soll:
  - Übertragung
  - Belastung
  - inhaltliche Änderung oder
  - Aufgabe eines Rechtes erstrebt wird,
- eine Berichtigung des Grundbuches notwendig ist, weil das Grundbuch mit der materiellen Rechtslage nicht übereinstimmt, oder
- ein Widerspruch eingetragen werden soll, weil das Grundbuch unrichtig ist und die erforderlichen Unterlagen zur Berichtigung nicht ohne weiteres beigebracht werden können.

4.2. Tätigkeit von Amts wegen, §§ 53, 84 GBO

Der Grundbuchbeamte wird von Amts wegen tätig, wenn:
- das Grundbuch unrichtig ist und die Unrichtigkeit durch Verletzung gesetzlicher Vorschriften, die bei der Eintragung hätten beachtet werden müssen, zustande gekommen ist (dann ist gemäß § 53 Abs. 1 Satz 1 GBO von Amts wegen Widerspruch einzutragen),
- die Eintragung inhaltlich unzulässig ist (dann ist von Amts wegen eine Löschung vorzunehmen, § 53 Abs. 1 Satz 2 GBO).

Eine gegenstandslos gewordene Eintragung kann unter den Voraussetzungen des § 84 GBO von Amts wegen gelöscht werden.

4.3. Tätigkeit auf Ersuchen der Behörde, § 38 GBO

Der Grundbuchbeamte kann gemäß § 38 GBO auf Ersuchen einer Behörde tätig werden.

Dabei ersetzt das Ersuchen den Antrag nach § 13 GBO und die Bewilligung nach § 19 GBO.

Erforderlich sind die Form des § 29 Abs. 3 GBO und die Voreintragung des Betroffenen gemäß § 38 GBO.

Wesentliche Fälle sind Ersuchen des:

- Finanzamtes um Eintragung einer Zwangshypothek für rückständige Steuern, § 322 AO.
- Prozeßgerichts um Eintragung aufgrund einstweiliger Verfügung nach § 941 ZPO.
- Vollstreckungsgerichts im Verfahren der Zwangsversteigerung und Zwangsverwaltung auf Eintragung des Zwangsversteigerungs- bzw. Zwangsverwaltungsvermerks, §§ 19, 34, 130, 146, 158, 161 ZVG.
- Konkursgerichts um Eintragung und Löschung eines allgemeinen Veräußerungsverbotes sowie des Vermerkes über Eröffnung und Aufhebung des Konkursverfahrens nach den §§ 113, 114, 116, 163, 190, 205 KO.
- Nachlaßgerichts um Eintragung und Löschung des Vermerks über die Anordnung der Nachlaßverwaltung.

5. Die Eintragung
5.1. Eintragungsfähige Umstände

Das Grundbuchamt darf nur auf eintragungsfähige Umstände in das Grundbuch eintragen. Das sind:
- Eigentum und beschränkt dingliche Rechte,
- Pfandrecht und Nießbrauch an beschränkten dinglichen Rechten,
- "Sicherungsrechte" wie Vormerkung, Widerspruch und Verfügungsbeschränkungen (Nachlaßverwaltung, Konkurs, Zwangsversteigerung),
- Verpfändungs- bzw. Pfandvermerk wird im Grundbuch eingetragen, wenn ein Erbteil oder ein Gesellschaftsanteil verpfändet oder gepfändet worden ist und das Grundstück zur Erbmasse bzw. zum Gesellschaftsvermögen gehört.

Ein Rechtshängigkeitsvermerk ist hinsichtlich des § 325 Abs.2 ZPO auch eintragungsfähig.

5.2. Voraussetzungen der rechtsänndernden Eintragung

- Antrag, § 13 GBO
- Eintragungsbewilligung, § 19 GBO, oder Auflassung, § 20 GBO
- Form des § 29 GBO
- Voreintragung des Betroffenen, §§ 39 und 40 GBO

- Bei der Zwangshypothek müssen die allgemeinen Voraussetzungen der Zwangsvollstreckung - Titel, Klausel, Zustellung - gemäß § 750 ZPO gegeben sein.
- In einigen Fällen ist gesetzlich vorgesehen, daß die Bewilligung durch eine einstweilige Verfügung ersetzt werden kann, etwa bei der Vormerkung, §§ 883, 885 BGB.

5.3. Der Antrag, § 13 GBO

Jeder unmittelbar Betroffene, dessen dingliche Rechtsstellung durch die Eintragung einen Verlust erleidet oder einen Gewinn erfährt ist gemäß § 13 Abs.1 S.2 GBO antragsberechtigt.
Natürlich kann sich der Antragsberechtigte bei der Antragstellung vertreten lassen. Auf Verlangen müßte aber eine Vollmacht nachzuweisen sein. Wurde die Eintragungserklärung notariell beurkundet oder beglaubigt, so gilt der Notar als ermächtigt, im Namen des Antragsberechtigten die Eintragung zu beantragen, § 15 GBO.

5.4. Die Eintragungsbewilligung (§ 19 GBO) und die Auflassung (§ 20 GBO)

5.4.1. Die einseitige Eintragungsbewilligung, § 19 GBO

Der Antrag muß auf eine eintragungsfähige Tatsache gerichtet sein (siehe Abschnitt 5.1.).
Die Eintragungsbewilligung ist die einseitige, form- und empfangsbedürftige Erklärung des Betroffenen, daß er mit einer bestimmten Eintragung auf einem bestimmten Grundbuchblatt einverstanden ist.
Die Eintragungsbewilligung hat derjenige zu erteilen, dessen Recht von der Eintragung betroffen wird, § 19 GBO. Sie ist unwirksam, wenn dem Betroffenen die Verfügungsmacht entzogen ist, etwa bei Konkurseröffnung und Testamentsvollstreckung.
Wer nicht über sein Grundstück oder Grundstücksrecht verfügen darf, kann auch nicht die Grundlage für Grundbucheintragungen schaffen. Ihm fehlt die Bewilligungsmacht. Diese wird durch den Konkursverwalter (§ 6 KO), den Nachlaßverwalter (§ 1984 BGB), den Vorerbenverwalter (§§ 2129 Abs.1, 1052 Abs.1 BGB) oder den Testamentsvollstrecker (§ 2211 BGB) ausgeübt.
Die Eintragungsbewilligung kann ersetzt werden.
- Nach § 26 GBO kann bei Übertragung oder Belastung von Briefgrundpfandrechten statt der Eintragungsbewilligung die Abtretungserklärung des bisherigen Gläubigers vorgelegt werden.

5.4.2. Die Eintragungsbewilligung bei der Eigentumsübertragung

Weil an der Übereinstimmung zwischen Grundbucheintragung und wahrer Rechtslage ein besonderes Interesse besteht, genügt im Falle der Eigentumsübertragung als formelle Eintragungsvoraussetzung nicht die Eintragungsbewilligung des Betroffenen, sondern es muß die Auflassung nachgewiesen werden, § 20 GBO.

5.5. Die Form, § 29 GBO

Alle zur Eintragung erforderlichen Erklärungen - ausgenommen des Antrags - sollen durch öffentlich beglaubigte Urkunden nachgewiesen werden, sog. Beweisgrundsatz.
Andere Eintragungsvoraussetzungen, etwa Erbfolge, gesetzliche Vertretung usw., müssen offenkundig sein, oder sie brauchen den Beweis durch öffentliche Urkunden.

5.6. Die Voreintragung des Betroffenen, §§ 39, 40 GBO

Hinsichtlich der Erforderlichkeit der Voreintragung des Betroffenen macht die Grundbuchordnung zwei Ausnahmen:
- § 39 Abs.2 GBO: Besteht ein Briefrecht, steht es der Eintragung des Gläubigers gleich, wenn er im Besitz des Briefes ist und sein Gläubigerrecht nach § 1155 BGB nachweist.
- § 40 GBO für Erben, wenn der Erbe verfügt und seine Erbenstellung nach § 29 GBO durch öffentliche Urkunden nachweist.

5.7. Die berichtigende Eintragung auf Antrag

Ist das Grundbuch unrichtig, dann ist der wahre Berechtigte, dessen dingliches Recht nicht oder nicht richtig eingetragen wurde, sehr gefährdet bzw. in seiner Rechtsausübung beeinträchtigt.

4

5.7.1. Voraussetzungen

- Antrag, §§ 13, 14 GBO
- Bewilligung des Betroffenen, § 19 GBO, oder Nachweis der Unrichtigkeit, § 22 GBO
- Form des § 29 GBO
- Voreintragung des Betroffenen, § 39 GBO

5.7.1.1. Der Antrag, § 13 oder § 14 GBO

Gemäß § 13 GBO ist antragsberechtigt:
- der Buchberechtigte oder
- der materiell Berechtigte, der mit seiner Eintragung eine dem materiellen Recht entsprechende Rechtsstellung erlangt.

§ 14 GBO erweitert die Antragsberechtigung auf den Vollstreckungsgläubiger:
Dieser betreibt seine Eintragung wegen eines Titels gegen den nicht im Grundbuch eingetragenen Schuldner, der wahrer Berechtigter ist.
Der Vollstreckungsgläubiger braucht diese Antragsberechtigung, da sein Schuldner aufgrund § 39 GBO voreingetragen sein muß. Deshalb muß ihm ermöglicht werden, daß der Schuldner als Berechtigter in das Grundbuch eingetragen wird.

5.7.1.2. Die Bewilligung des Betroffenen, § 19 GBO

Soll eine Änderung im Grundbuch vorgenommen werden, bedarf dies grundsätzlich der Bewilligung des Betroffenen, § 19 GBO.
Ist das Grundbuch unrichtig und lehnt der Betroffene die Erteilung der Bewilligungserklärung nach § 19 GBO ab, steht dem wahren Betroffenen nach § 894 BGB die Durchsetzung des Grundbuchberichtigungsanspruchs auf dem Klagewege offen. Das stattgegebene Urteil hat dann den Rang einer Berichtigungsbewilligung gemäß § 894 ZPO. Kann der wahre Berechtigte den Unrichtigkeitsnachweis durch öffentliche Urkunden (§§ 22, 29 GBO) ohne weiteres führen, fehlt für die Klage aus § 894 BGB das Rechtsschutzbedürfnis. Dann bedarf es keiner Klage.

5.7.1.3. Der Nachweis der Unrichtigkeit, § 22 GBO

Wird die Unrichtigkeit nachgewiesen, muß gemäß § 22 Abs.1 S.1 GBO zur Berichtigung des Grundbuchs die Bewilligung nach § 19 GBO nicht gegeben sein. Es muß lediglich das Grundbuch unrichtig sein. Diese Unrichtigkeit muß dem Grundbuchamt offenkundig sein und durch öffentliche Urkunden belegbar sein.

5.8. Die Eintragung des Widerspruchs auf Antrag

Ist das Grundbuch unrichtig, besteht das Bedürfnis, den wahren materiell Berechtigten schon vor Berichtigungseintragung zu schützen.
Meist wird der formell Berechtigte der Eintragung des materiell Berechtigten nicht zustimmen. Dann muß sich der materiell Berechtigte die erforderliche Eintragungsbewilligung erst durch eine Klage verschaffen. Selten wird er den Nachweis der Unrichtigkeit durch öffentliche Urkunden erbringen können.
Sind die Voraussetzungen für einen Berichtigungsanspruch gegeben, kann ein Widerspruch gegen die Richtigkeit des Grundbuchs (§§ 894, 899 BGB) eingetragen werden. Der Widerspruch führt zur Sicherung der Durchsetzung des Grundbuchberichtigungsanspruchs gemäß § 894 BGB. Der Widerspruch ist ein Protest gegen die Eintragung. Dies führt zur Zerstörung der Rechtsscheinsgrundlage für den Erwerb vom Nichtberechtigten gemäß § 892 BGB.
Die Initiative wird grundsätzlich dem Berechtigten überlassen. Deshalb wird der Widerspruch nur auf Antrag gemäß §§ 13, 19, 29, 39 GBO eingetragen.
Die Eintragungsbewilligung des Betroffenen kann durch einstweilige Verfügung ersetzt werden. Dabei muß das Recht nicht als gefährdet dargetan werden, § 899 Abs.2 S.2 BGB.

5.9. Mehrere Anträge auf Eintragung, § 17 GBO

Nach § 17 GBO kann die später beantragte Eintragung nicht vor Erledigung des früher gestellten Antrags erfolgen, wenn mehrere zu verschiedenen Zeiten gestellte Eintragungsanträge dasselbe Recht betreffen.
Dasselbe Recht ist bei mehreren beantragten Eintragungen betroffen, wenn:
- zwischen den beantragten Eintragungen ein Rangverhältnis besteht (etwa Hypotheken, Grundschulden, Reallasten, Dienstbarkeiten),
- der frühere Eintragungsantrag die spätere Eintragung erst zuläßt,
- eine Eintragung die Zulässigkeit der anderen ausschließt.

5.10. Der unvollständige/fehlerhafte Antrag auf Eintragung

Fehlen einer beantragten Eintragung eine oder mehrere Eintragungsvoraussetzungen, dann muß das Grundbuchamt entsprechend § 18 Abs.1 GBO entweder den Antrag unter Angabe der Gründe zurückweisen oder dem Antragsteller eine angemessene Frist zur Behebung des Hindernisses bestimmen, also eine

Zwischenverfügung erlassen. Sinn und Zweck einer solchen Zwischenverfügung verdeutlicht § 18 Abs.2 GBO.

Zur Sicherung des durch die Zwischenverfügung beschiedenen Antrags muß unter Umständen eine Amtsvormerkung oder ein Amtswiderspruch eingetragen werden.

Durch die Zwischenverfügung sollen dem Antragsteller die Vorteile des Zeitpunktes der Antragstellung - §§ 878, 879 BGB - erhalten werden. Diese würden ihm bei endgültiger Zurückweisung seines Antrags verlorengehen.

Die Voraussetzungen der Zwischenverfügung sind:
- Das Hindernis muß mit ex-tunc-Wirkung behebbar sein.
- Die Zwischenverfügung muß folgenden Inhalt haben:
  - Angabe sämtlicher Hindernisse
  - Angabe einer bestimmten Frist, zu der die Mängel zu beheben sind
  - Dem Antragsteller sind die Mittel zur Beseitigung des Hindernisses zu nennen, bei mehreren Hindernissen sind alle anzugeben.
- Hat das Grundbuchamt eine Zwischenverfügung erlassen, soll der Antragsteller binnen der gesetzten Frist "gesichert" sein. Es macht ja eben den Sinn einer Zwischenverfügung aus, dem Antrag den Vorrang vor späteren Anträgen und Eintragungen zu erhalten.Die Vormerkung oder der Widerspruch nach § 18 Abs.2 GBO bewirkt, daß die Entscheidung über den früheren und über den späteren Antrag in Schwebe bleibt. Mithin ist die später beantragte Entscheidung vom Schicksal des früheren Antrags abhängig.
- Bei Nichteinhaltung der Frist, wird der gestellte Antrag zurückgewiesen und die Vormerkung oder der Widerspruch von Amts wegen gelöscht, § 18 Abs.2 S.2 GBO. Die später beantragte Eintragung wird ohne Vorbehalt wirksam.
- Bei Einhaltung der Frist, werden Vormerkung und Widerspruch in die endgültige Eintragung umgeschrieben.

5.11. Die Eintragung eines Widerspruchs von Amts wegen, § 53 Abs.1 S.1 GBO

Das Grundbuchamt kann von Amts wegen einen Widerspruch eintragen.

Ein Widerspruch ist von Amts wegen einzutragen, wenn die Unrichtigkeit des Grundbuchs darauf beruht, daß das Grundbuchamt die Eintragung unter Verletzung gesetzlicher Vorschriften vorgenommen hat, und deshalb die Gefahr eines gutgläubigen Erwerbs besteht.

6. Die Löschung
6.1. Voraussetzung und Wirkung der Löschung

Unter Löschung versteht man die buchmäßige Beseitigung einer Eintragung mit dem Zweck, hierdurch eine Rechtsänderung herbeizuführen oder das Grundbuch lediglich zu berichtigen.

Von der Löschung zu unterscheiden ist die bloße Änderung des Inhaltes der Eintragung (beispielsweise des Rechts oder des Berechtigten); diese Vorgänge werden in der Veränderungsspalte eingetragen.

Zur Löschung eines eingetragenen Rechts genügt grundsätzlich die einseitige Aufgabeerklärung des Berechtigten.

Es gibt ausschließlich zwei Formen der Löschung, denen allein die materielle Wirkung der Eintragungsbeseitigung zukommt:

- Löschungsvermerk nach § 46 Abs. 1 GBO,
- Nichtübertragung eines eingetragenen Rechtes nach § 46 Abs. 2 GBO.

Die Bestimmung des § 46 GBO setzt ein "eingetragenes Recht" voraus.

Ein solches Recht kann bestehen in:
- Verfügungsbeschränkungen,
- Vormerkungen,
- Widersprüchen.

Die Löschungseintragung bewirkt noch nicht die Aufhebung des Rechts.

Vielmehr ist auch eine Aufgabeerklärung, die mit der Löschung übereinstimmt erforderlich.

Anderenfalls würde das Grundbuch durch eine solche Löschung unrichtig werden.

Selbiges gilt auch für die Vormerkung. Solange die nach § 875 BGB erforderliche Löschung nicht erfolgt ist, bleibt das Grundbuch trotz wirksamer Aufhebungserklärung unrichtig.

6.2. Die Eintragung des Löschungsvermerkes, § 46 GBO

Nach § 46 Abs. 1 GBO ist zur Löschung regelmäßig die Eintragung eines besonderen Löschungsvermerkes notwendig.

In ihm wird die buchmäßige Beseitigung der entsprechenden Eintragung angesprochen.

Genügen soll hierfür das Wort "gelöscht", nicht aber bloßes Einklammern, Durch- oder Unterstreichen der Eintragung.

Der Löschungsgrund muß nicht angegeben werden.

Nach § 17 GBV wird die erfolgte Löschung durch einmalige Unterstreichung der Eintragung mit roter Tinte gekennzeichnet. Dabei ist die Rötung nur buchungstechnisches Hilfsmittel zur übersichtlichen Gestaltung des Grundbuches. Bestehen für eingetragene Grundpfandrechte Briefe, werden diese gemäß §§ 69, 70 GBO unbrauchbar gemacht. Im übrigen gelten für die Löschung alle sonstigen Eintragungsvorschriften:

- Antrag, § 13 GBO,
- Bewilligung § 19 GBO,
- Voreintragung des Betroffenen §§ 39, 40 GBO.

Gemäß § 44 Abs. 1 GBO ist der Löschungsvermerk zu datieren und zu unterstreichen.

7. Sicherungsrechte an Grundstücken (Grundpfandrechte)

7.1. Allgemeines

Grundstücke sind bevorzugter Gegenstand der Kreditsicherung. Der Gläubiger wird in erster Linie seinen Kredit durch ein Grundstück absichern wollen. Grundstücke unterliegen zwar auch Wertschwankungen, doch kann man voraussehbare und normale Wertminderungen bei der Beleihungshöhe berücksichtigen.
Näher:
Die Beleihungsgrenze liegt etwa bei 75 % des geschätzten Verkehrswertes; eine mündelsichere (vgl. § 1807 Abs. 1 Nr. 1 BGB) erstrangige Hypothek darf 50 - 60 % des Verkehrswertes nicht übersteigen.
Das mit einem Sicherungsrecht belastete Grundstück bleibt im Besitz des Eigentümers. Daher kann er die Nutzung daraus ziehen und damit die Schuld und die Zinsen tilgen. Andererseits trifft den Gläubiger keine Verwahrungs- oder Verwaltungspflicht.
Wie an beweglichen Sachen ein Pfandrecht zur Sicherung einer Forderung bestellt werden kann, ist es auch möglich, ein Grundstück zu verpfänden, so daß es einem Gläubiger als Sicherheit dient, ihm also für seine Forderung haftet. Die Sicherung von Geldforderungen durch Grundpfandrechte ist daher besonders beliebt.
"Grundpfandrechte" ist der eingebürgerte, vom Gesetz nicht definierte Begriff für Hypothek, Grundschuld und Rentenschuld (§§ 1113 - 1203 BGB).
Folgend wird nur auf die Hypothek und Grundschuld eingegangen, da der Rentenschuld in der Praxis keine Bedeutung zukommt.
Sinn der Grundpfandrechte ist, daß der Gläubiger einer Geldforderung auf ein Grundstück (des Schuldners oder eines Dritten) zugreifen kann, wenn die Schuld nicht bezahlt wird.
Das Grundstück haftet für die Leistung des Geldbetrages. Hier sind stets Geldforderungen im Spiel.
Der Inhaber eines Grundpfandrechtes hat daraus keinen Zahlungsanspruch, wie man aus dem Wortlaut der §§ 1113, 1191 BGB schließen könnte. Vielmehr hat er ein dingliches Verwertungsrecht.
Der Eigentümer des belasteten Grundstückes ist nicht zur Zahlung verpflichtet, sondern muß die Zwangs-

vollstreckung in sein Grundstück dulden, wenn nicht gezahlt wird.
Bei der Hypothek hat man einen solchen Anspruch aus § 1147 BGB, bei der Grundschuld aus §§ 1192 Abs. 1, 1147 BGB.

7.2. Die Hypothek, §§ 1113 - 1190 BGB

7.2.1. Allgemeines

§ 1113 BGB bestimmt den Begriff Hypothek näher. Voraussetzung für eine Hypothek ist danach die Entstehung und der Bestand einer Forderung. Die Hypothek kann nur "wegen einer Forderung" bestellt werden; ohne Forderung keine Hypothek.
Damit ist der Hauptunterschied zwischen Hypothek und Grundschuld angesprochen.
In der Regel wird die Grundschuld zwar zur Sicherung einer Forderung bestellt, aber Entstehung und Bestand des dinglichen Rechts sind vom Bestehen der Forderung nicht abhängig. Genau ist dies im § 1192 Nr. 1 BGB aufgeführt: "Grundschuld nicht eine Forderung vorausgesetzt". Diese vorangestellte Unterscheidung, auf die im einzelnen noch einzugehen ist, erleichtert das Verständnis für die folgenden Ausführungen.

7.2.2. Die Entstehung einer Hypothek

Regelmäßig ergeben sich die Voraussetzungen für den Erwerb einer Hypothek aus §§ 873, 1113, 1115 - 1117 BGB.

7.2.2.1. Der Belastungsgegenstand, §§ 1113, 1114, 1008 ff. BGB

Belastungsgegenstand muß ein Grundstück sein (§ 1113 Abs. 1 BGB) oder ein Miteigentumsanteil an einem Grundstück (§§ 1114, 1008 ff BGB) oder ein grundstücksgleiches Recht (etwa Erbbaurecht). Der Belastungsgegenstand kann nicht in einer beweglichen Sache bestehen.

7.2.2.2. Die Einigung und die Eintragung, § 873 BGB

§ 873 BGB bestimmt, daß eine Hypothek Einigung und Eintragung erfordert.

7.2.2.2.1. Die Einigung

Gläubiger und Grundstückseigentümer müssen sich in einem abstrakten Vertrag darüber einigen, an welchem Grundstück eine Hypothek bestellt werden soll, welche Hypothek formgewollt ist und welche Forderung gesichert wird.

Der im Grundbuch eingetragene Eigentümer (Bucheigentümer) gilt - zugunsten des gutgläubigen Erwerbers der Hypothek - gemäß § 892 BGB als Eigentümer.

Sollte die Einigung über die Hypothekenbestellung der Nichtigkeit unterliegen, so ist eine Hypothek trotz der erfolgten Eintragung nicht entstanden. Möglicherweise könnte dann aber eine Eigentümergrundschuld entstanden sein. Die Eigentümergrundschuld besteht, wenn die Willenserklärung des Eigentümers wirksam geblieben ist (wenn beispielsweise der Gläubiger seine Willenserklärung angefochten hat) und dieser den Antrag auf Eintragung gestellt hat.

Nach § 1196 BGB kann eine Grundschuld für den Eigentümer begründet werden, indem er eine entsprechende Erklärung gegenüber dem Grundbuchamt abgibt.

Dies gilt nicht, wenn der Eigentümer selbst angefochten hat.

7.2.2.2.2. Die Eintragungsbewilligung

Für die Eintragung ist maßgebend, daß etwa der Hypothekar, der den Antrag stellt (vgl. § 13 Abs. 2, 2. Alternative GBO), eine Eintragungsbewilligung des von der Eintragung betroffenen Eigentümers vorliegt (§ 29 GBO).

Die Eintragungsbewilligung ist folglich deutlich von der Einigung (und von der Einigungserklärung des Eigentümers) zu unterscheiden. Sie ist eine verfahrensrechtliche Rechtshandlung und als solche bedingungsfeindlich und widerruflich, wohl aber wegen Willensmängel anfechtbar.

7.2.2.2.3. Die Eintragung

Neben der Einigung nach dem Recht des BGB ist zur Herbeiführung der rechtsgeschäftlichen Rechtsänderung noch die Eintragung in das Grundbuch erforderlich.

Damit sollen auf einer festen Grundlage bestimmte und sichere Rechtsverhältnisse für Grundstücke geschaffen werden.

Das Grundbuch ermöglicht den (berechtigten) Interessenten (§ 12 GBO), sich Klarheit über die dingliche Rechtslage des Grundstücks zu verschaffen.

Die Grundbücher werden von den Amtsgerichten geführt, die hierfür Grundbuchämter (-abteilungen) eingerichtet haben (§ 1 Abs. 1 GBO).

Das Grundbuchwesen gehört zum Bereich der freiwilligen Gerichtsbarkeit. Das Grundbuchamt wird grundsätzlich auf Antrag und nur ausnahmsweise von Amts wegen tätig (§ 53 GBO).

Antragsberechtigt ist bei der angestrebten Eintragung einer Hypothek gemäß § 13 Abs. 2 GBO sowohl der Eigentümer, der von der Eintragung betroffen wird, weil sich seine Rechtsstellung durch diese Belastung

verschlechtert, als auch der Hypothekar, weil die Eintragung zu seinen Gunsten erfolgen soll.

Ist die Eintragungsbewilligung des Eigentümers notariell beurkundet oder beglaubigt worden (§§ 19,29 GBO), so gilt dieser als berechtigt, im Namen des Antragsberechtigten die Eintragung zu beantragen (§ 15 GBO).

Die Anträge sind, soweit sie dasselbe Recht betreffen (etwa Belastung des Grundstücks mit mehreren Hypotheken), in der Reihenfolge zu behandeln, in der sie beim Grundbuchamt eingehen (§§ 17, 45 GBO; § 879 BGB).

Der Zweck des Grundbuches, die dingliche Rechtslage klar und eindeutig zu verlautbaren, erfordert klare und eindeutige Eintragungen.

Bei der Hypothekenbestellung ist daher nach § 1115 BGB immer einzutragen:

- der Gläubiger,
- der Geldbetrag der Forderung,
- der Zinssatz,
- der Geldbetrag etwaiger anderer Nebenleistungen.

Die rechtswirksame Eintragung im Grundbuch genießt öffentlichen Glauben.

Ist im Grundbuch für jemanden ein Recht eingetragen, so wird vermutet, daß ihm das Recht zusteht.

Ist im Grundbuch ein eingetragenes Recht gelöscht, so wird vermutet, daß das Recht nicht besteht (§ 891 BGB).

Wer sich auf die Unrichtigkeit des Grundbuches beruft, muß diese beweisen. Dabei muß diese Vermutung widerlegt werden.

Von den §§ 892,893 BGB geschützt, sind nur rechtsgeschäftliche Erwerbshandlungen, also nicht der Erwerb kraft öffentlichen Rechts (durch Enteignungsbeschluß) oder kraft Gesetzes (etwa Erbfolge oder Vereinbarung der Gütergemeinschaft § 1416 BGB).

Nur die positive Kenntnis der Unrichtigkeit macht den Erwerber unredlich und verhindert gutgläubigen Erwerb.

Der öffentliche Glaube des Grundbuches wird insoweit gestört, als gegen die Eintragung oder Löschung eines Rechts ein Widerspruch eingetragen ist. Gemäß § 899 BGB kann ein Widerspruch eingetragen werden, wenn der Inhalt des Grundbuches gemäß § 894 BGB mit der wirklichen Rechtslage nicht übereinstimmt.

Die Eintragung erfolgt:

- von Amts wegen (§§ 18 Abs. 2, 53 Abs. 1 Nr. 1 GBO),
- auf Antrag des Eigentümers (§ 1139 BGB),
- oder aufgrund der Bewilligung desjenigen, dessen Recht durch die Bewilligung des Grundbuches betroffen wird,
- oder aufgrund einer einstweiligen Verfügung.

Durch den Widerspruch wird auf eine mögliche Unrichtigkeit des Grundbuches hingewiesen. Das Grundbuch wird durch ihn aber nicht gesperrt.

7.2.2.2.4. Hypothekenbrief, § 1116 BGB

Soweit nicht durch besondere Einigung zwischen den Parteien ausgeschlossen, wird vom Grundbuchamt über die Hypothek ein Hypothekenbrief erteilt (§ 1116 BGB).

Wurde die Erteilung eines solchen Briefes ausgeschlossen, liegt eine Buchhypothek vor, die mit ihrer Eintragung dem Hypothekar zusteht.

Der Gläubiger erwirbt die Briefhypothek aber erst, wenn ihm - nach erfolgter Einigung und Eintragung gemäß § 873 BGB - der Brief vom Grundstückseigentümer übergeben wird (§ 1117 BGB).

Ist der Brief noch nicht übergeben, liegt eine Eigentümergrundschuld vor (§§ 1163 Abs. 2, 1177 Abs. 1 BGB).

Der vom Grundbuchamt ausgestellte Hypothekenbrief (§ 56 GBO) wird grundsätzlich dem Grundstückseigentümer ausgehändigt (§ 60 Abs. 1 GBO).

Der Erwerb der Hypothek ist unabhängig davon, wann der Brief hergestellt und übergeben wird. Das Eigentum am Hypothekenbrief steht dem Hypothekar gemäß § 952 Abs. 2 BGB zu.

Der Brief kann nicht verpfändet werden. Sollte allerdings die Hypothek verpfändet (verpfändet wird dann die Hypothekenforderung, womit das Pfandrecht an der Hypothek entsteht, die allein verpfändbar ist, § 1153 BGB) werden, erstreckt sich das Pfandrecht auch auf den Brief.

7.2.3. Die Übertragung der Hypothek
7.2.3.1. Die Abtretung der Forderung, § 1153 BGB

Gemäß § 1153 Abs. 2 BGB geht die Hypothek mit der abgetretenen Forderung auf den Erwerber über.

Ohne die Hypothek kann die Forderung nicht abgetreten werden.

Wird die Forderung ausdrücklich ohne Hypothek abgetreten, so ist die Abtretung unwirksam. Forderung und Hypothek sind untrennbar miteinander verbunden.

7.2.3.2. Form der Abtretung

Weil die Übertragung der Hypothek nur durch die Abtretung der Forderung bewirkt werden kann, muß zunächst eine wirksame Einigung zwischen dem Gläubiger (Zedent) und dem Erwerber (Zessionar) erfolgen (§ 398 BGB).

Bei der durch eine Hypothek gesicherten Forderung muß der mit der Forderungsabtretung verbundene Hypothekenübergang kenntlich gemacht werden.

Deshalb ist für die Übertragung einer durch Briefhypothek gesicherten Forderung neben der Einigung die Erteilung der Abtretungserklärung in schriftlicher Form

(§ 126 BGB) und die Übergabe des Hypothekenbriefes erforderlich (§ 1154 Abs. 1 BGB). Die schriftliche Abtretungserklärung kann gemäß § 1154 BGB durch Eintragung der Abtretung ins Grundbuch ersetzt werden.

Nach § 1154 Abs. 2 BGB wird die durch eine Buchhypothek gesicherte Forderung dadurch abgetreten, daß außer der Einigung über die Abtretung zwischen dem Gläubiger und dem Erwerber die Eintragung der Abtretung in das Grundbuch erfolgt (§ 873 BGB).

Erfolgt die Abtretung der Forderung nur zum Teil, so geht die Hypothek auch nur insoweit mit über; im übrigen verbleibt sie dem Gläubiger der (Rest-) Forderung, sie wird mithin geteilt. Beide Teilhypotheken sind im Zweifel gleichrangig. Wird eine Briefhypothek geteilt, kann der neue (Teil-)Hypothekar die Ausstellung eines Teilhypothekenbriefes beantragen (§ 61 GBO). Die Erteilung des Teilhypothekenbriefes muß auf dem bisherigen Hypothekenbrief (Stammbrief) vermerkt werden. Bis zu dieser Erteilung haben beide Hypothekare Miteigentum am Stammbrief (§ 952 BGB).

7.2.3.3. Der gesetzliche Übergang

Ist der Eigentümer nicht zugleich auch persönlicher Schuldner des Gläubigers, so kann er die drohende Zwangsvollstreckung des Hypothekengläubigers in sein Grundstück (§ 1147 BGB) dadurch abwenden, daß er ihn wegen seiner Forderung befriedigt. Dann geht dessen Forderung gegen den Schuldner kraft Gesetzes (§ 1143 Abs.1 Nr.1 BGB) auf den Eigentümer über.

Gemäß §§ 401, 412, 1153 Abs.1 BGB geht dann aber auch die Hypothek auf den Eigentümer über. Nun kann der Eigentümer die Forderung gegen den Schuldner geltend machen oder sie (mit der Hypothek) an einen Dritten abtreten.

Ein gesetzlicher Übergang der Hypothek auf den Eigentümer kann auch dadurch erfolgen, daß der persönliche Schuldner die Schuld zurückzahlt. Dann erlischt die Forderung des Gläubigers gegen den Schuldner und der Eigentümer erwirbt die Hypothek (§ 1163 Abs.2 BGB), die sich wegen der untergegangenen Forderung in eine Eigentümergrundschuld verwandelt (§ 1177 Abs.1 Nr.1 BGB).

Neben dem Eigentümer haben gemäß § 1150 BGB auch andere Dritte ein Ablösungsrecht, um ihr Recht am Grundstück oder den Besitz daran zu erhalten.

Nach § 1150 BGB liegt der Zeitpunkt für den Ablösungsberechtigten vor der Zwangsvollstreckung. Zur Vermeidung unnötiger Prozeß- und Vollstreckungskosten, darf er den Gläubiger bereits dann befriedigen, wenn dieser Befriedigung aus dem Grundstück verlangt.

Wird der Hypothekengläubiger vom Dritten durch Zahlung befriedigt, gehen Forderung und Hypothek kraft Gesetzes auf diesen über (§§ 268 Abs. 3 Nr.1, 401, 412, 1153 Abs.1 BGB).

7.2.4. Der Umfang der Hypothekenhaftung

Wenn der Hypothekengläubiger wegen seiner Forderung nicht befriedigt wird, kann er auf das Grundstück zugreifen. Interessant sind zwei Fragen:
- Wie geschieht der Zugriff und von welchen Voraussetzungen ist er abhängig; und worauf bezieht sich das dingliche Verwertungsrecht des Hypothekengläubigers, d.h. was haftet ihm?
Zunächst einmal ist dies das Grundstück selbst. Ohne daß es noch besonders erwähnt wäre, haften auch die wesentlichen Bestandteile, §§ 93 - 95 BGB. Außerdem aber auch die in §§ 1120 - 1129 BGB aufgezählten Gegenstände.
Mithin haftet also nicht nur der Gegenstand Grundstück, sondern die wirtschaftliche Einheit, die ja meist erst in ihrer Gesamtheit den Wert bestimmt. Hier spricht man vom Haftungsverband der Hypothek oder auch vom Pfandverband.
Da die Regelung ziemlich kompliziert und auch teils strittig ist, kann sie hier nicht im einzelnen dargelegt werden. Klarzumachen sind aber folgende Grundzüge:
Der Eigentümer kann nach wie vor als Berechtigter über das Grundstück, Zubehör usw. verfügen.
Der Hypothekar kann lediglich nach § 1134 BGB vorgehen, wenn zum Beispiel der Eigentümer das Grundstück "ausschlachtet" und die Hypothek durch den sinkenden Wert an Sicherheit verliert.
Erst mit der Beschlagnahme ändert sich an der Verfügungsbefugnis des Eigentümers etwas. Im Falle der Beschlagnahme durch Anordnung der Zwangsversteigerung gilt § 23 Abs. 1 S.1 ZVG i.V.m. §§ 135, 136 BGB (relatives Veräußerungsverbot); bei der Beschlagnahme durch Anordnung der Zwangsverwaltung gilt § 148 ZVG. Mit der Beschlagnahme wird die Frage interessant, ob ein Gegenstand zum Pfandverband der Hypothek gehört. Denn dann aktualisiert sich die bisher potentielle Haftung der Gegenstände des Pfandverbandes. Die §§ 1121 ff. BGB beantworten, grob gesagt, die Frage, wann ein zum Pfandverband gehörender Gegenstand aus diesem ausscheidet.

7.2.5. Die Durchsetzung der Hypothek (Verfahren, Einwendungen, Einreden)

7.2.5.1. Fälligkeit, Verwertung

Wenn weder der Schuldner die Forderung bezahlt, noch der Eigentümer den Gläubiger befriedigt (§ 1142 BGB), kann der Hypothekar auf das Grundstück zugreifen.
Dies setzt zunächst voraus, daß die Hypothek fällig ist. Der Zeitpunkt der Fälligkeit kann vertraglich fest-

gelegt werden, tritt also dann durch Zeitablauf ein. Sonst gilt § 1141 BGB.
Die Verwertung erfolgt dann in einem besonderen Verfahren, das im ZVG geregelt ist. Es handelt sich um die Zwangsvollstreckung. Ihr Beginn ist nur unter den in § 750 ZPO genannten Voraussetzungen möglich.
Insbesondere muß der Hypothekengläubiger also ein Urteil oder einen anderen Vollstreckungstitel (§§ 795, 794 ZPO) gegen den Eigentümer haben. Es kann die Zwangsversteigerung oder die Zwangsverwaltung angeordnet werden. Dieser, die Zwangsversteigerung oder die Zwangsverwaltung, anordnende Beschluß ist die sog. "Beschlagnahme", § 20 Abs. 1 ZVG, also ein ganz unkörperlicher Vorgang, was vom Wortlaut nicht sofort klar ist. Diese Beschlagnahme ist in §§ 1121 ff. BGB gemeint.

7.2.5.2. Einwendungen, Einreden

Gemeint sind hier die Verteidigungsmöglichkeiten gegen den dinglichen Anspruch (§ 1147 BGB). § 1147 BGB richtet sich nur gegen den Grundstückseigentümer.
Deshalb ist nur nach den Einreden und Einwendungen des Eigentümers zu fragen.
- Der Eigentümer kann das Bestehen des dinglichen Rechts bestreiten
  - zum Beispiel: Fehlen oder Nichtigkeit der Einigung, Anfechtung der Einigung, Fehlen der Briefübergabe, Fehlen oder Wegfall der Forderung, Übergang der Hypothek auf einen anderen.
- Der Eigentümer kann Einreden aus seinem persönlichen Verhältnis zum Hypothekar haben z.B.: Stundung der Hypothek.
Selbst wenn der Forderung gegen den vom Eigentümer verschiedenen persönlichen Schuldner fällig ist, kann durchaus H mit E vereinbaren, daß die Hypothek erst später fällig werden soll.
- Wenn Eigentümer und persönlicher Schuldner auseinanderfallen, kann der Eigentümer sich auch mit den Einreden des persönlichen Schuldners gemäß § 1137 BGB wehren.
  - Beispiel: Zur Sicherung eines Darlehens hat E dem H eine Hypothek bestellt. Dieses Darlehen schuldet der S dem H.
  Solange bspw. S gegen H wegen der Darlehensforderung ein Zurückbehaltungsrecht hat, braucht E die Zwangsvollstreckung nicht zu dulden.
  Selbiges gilt, solange S anfechten kann, §1137 Abs.1 S.1 i.V.m. § 770 Abs.2 BGB.
Diese Möglichkeit des E kann S nicht durch Verzicht auf sein Recht zunichte machen, § 1137 Abs.2 BGB.
Hat der Hypothekar die Forderung an einen Dritten übertragen, fragt sich, was mit den Verteidigungsmöglichkeiten geschieht. Grundsätzlich: Für alle vor

der Abtretung begründeten Einreden gilt § 1157 S.1 BGB. Der Eigentümer kann sie auch gegen den neuen Hypothekar geltend machen.

Aber: Ist der Erwerber gutgläubig und war die Einrede weder aus Grundbuch noch aus Hypothekenbrief ersichtlich, kann er sie wegerwerben, § 1157 S.2 BGB. Einwendungen, die dem Eigentümer nach der Übertragung gegen den bisherigen Gläubiger erwachsen, greifen gegen den neuen Gläubiger nicht durch, § 1156 i.V.m. §§ 406 - 408 BGB. Die §§ 404 - 408 BGB gelten in "Ansehung der Hypothek", also für das dingliche Recht.

7.2.6. Erlöschen der Hypothek

Die Befriedigung des Hypothekengläubigers führt nicht zum Erlöschen der Hypothek, sondern zu deren Übergang auf einen anderen, etwa §§ 1163 Abs.1 S.2, 1143, 1164 BGB.
Erlöschungsgründe geben hauptsächlich die §§ 875, 1183, 1181 BGB wieder.

7.2.7. Die Sonderformen der Hypothek

Was bisher besprochen wurde, galt für die sog. Verkehrshypothek, die als Brief- oder Buchhypothek bestellt werden kann.
Es gibt noch:

– die Sicherungshypothek (§ 1184 BGB),
– die Höchstbetragshypothek (§ 1190 BGB),
– die Gesamthypothek (§ 1132 BGB).

7.3. Die Grundschuld, §§ 1191 - 1198 BGB

7.3.1. Allgemeines

Gemäß § 1191 BGB kann ein Grundstück durch eine Grundschuld in der Weise belastet werden, daß eine bestimmte Geldsumme aus dem Grundstück zu entrichten ist.
Das Grundstück haftet also bei der Grundschuld - wie bei der Hypothek - dafür, daß eine bestimmte Geldsumme gezahlt wird.
Im Unterschied zur Hypothek ist der, daß die Grundschuld "nicht eine Forderung voraussetzt", so § 1192 Abs.1 BGB.
Die Grundschuld kann auch ohne Forderung bestellt werden. Der Gesetzgeber geht bei der Grundschuld davon aus, daß sie ein Verwertungsrecht an dem Grundstück gewährt, ohne daß dieses Verwertungsrecht auf dem Fälligwerden einer Forderung des Gläubigers beruht (wie bei der Hypothek). Eine solche "isolierte Grundschuld", bei der dem Gläubiger nur dieses dingliche Verwertungsrecht und nicht zugleich

auch eine dadurch gesicherte Forderung zusteht, ist aber sehr selten. Dies ist die Ausnahme.
Die Regel ist, daß auch die Grundschuld zur Sicherung einer Forderung bestellt wird. Man nennt die eine Forderung sichernde Grundschuld "Sicherungsgrundschuld".
Der Witz dabei ist, daß auch die Sicherungsgrundschuld in ihrem Bestand nicht von dem Bestand einer Forderung abhängt. Daraus folgt, daß die Grundschuld bestehen bleibt, wenn die Forderung erlischt oder, daß der Grundschuldgläubiger die Forderung an die eine Person, die Grundschuld an eine andere Person abtreten kann, ohne daß der Bestand der Grundschuld davon berührt würde.
Natürlich hat auch die Grundschuld ihre Tücken. So bestehen auch schuldrechtliche Beziehungen zwischen Eigentümer und Grundschuldinhaber, die das Geltendmachen der Grundschuld berühren können.

7.3.2. Das Entstehen der Grundschuld

Gemäß § 1192 Abs.1 BGB gelten die Vorschriften für die Hypothek. Also:
– Belastungsgegenstand: Grundstück etc. § 1191 BGB,
– Einigung und Eintragung, § 873 BGB,
– Bei Briefgrundschuld: Brief (Übergabe, § 1117 Abs.1 BGB, Aushändigungsabrede, § 1117 Abs. 2 BGB),
– Besteller ist Berechtigter.
Nochmal: Eine Forderung braucht nicht zu bestehen. Wenn sie besteht, so können natürlich auch bei der Grundschuld Eigentümer und persönlicher Schuldner auseinanderfallen. Wenn der Besteller der Grundschuld Nichtberechtigter ist, so gilt § 892 BGB.

7.3.3. Die Besonderheiten der Sicherungsgrundschuld

Sicherungsgrundschuld ist eine zur Sicherung einer Forderung bestellte Grundschuld. Meist dient sie der Kreditsicherung. Hierüber werden im einzelnen Vereinbarungen getroffen.
Zu unterscheiden sind:
– Darlehensvertrag,
– Sicherungsvertrag (schuldrechtlich), auch Sicherungsabrede genannt,
– Bestellung der Grundschuld (dingliches Rechtsgeschäft, § 873 BGB etc.).

7.3.4. Übertragung und Einwendungen

Gemäß § 1153 BGB kann die Grundschuld nicht mit der Abtretung der Forderung übertragen werden, da sie von der dadurch gesicherten Forderung unabhängig ist.
Ihre Übertragung erfolgt deshalb ausschließlich durch Übertragung des dinglichen Rechts nach den §§ 1154, 1155 BGB. Für eine Briefgrundschuld bedeutet das:
– durch schriftliche Abtretung der Grundschuld oder
– durch Eintragung der Abtretung in das Grundbuch und Übergabe des Grundschuldbriefes.
Eine Briefgrundschuld wird gemäß §§ 1192, 1154 Abs.3 BGB durch Einigung und Eintragung übertragen.
Die Abtretung der Forderung richtet sich nach §§ 398 ff. BGB. Die Grundschuld geht mit ihrer Abtretung nicht gemäß § 401 BGB über. Da die Grundschuld von der gesicherten Forderung unabhängig ist, besteht für den Eigentümer-Schuldner die Gefahr, daß der Gläubiger, Grundschuld und Forderung an verschiedene Erwerber abtritt.
Davor muß der Eigentümer-Schuldner geschützt werden. Dies geschieht dadurch, daß in der Sicherungsabrede die Verpflichtung des Gläubigers aufgenommen wird, Forderung und Grundschuld nur zusammen geltend zu machen und nur zusammen abzutreten.
Bei schuldhafter Verletzung dieser Verpflichtung durch den Gläubiger, macht dieser sich gegenüber dem Eigentümer-Schuldner schadensersatzpflichtig.
Um einen Schaden zu vermeiden, kann dieser unter Umständen dem Erwerber der Forderung entgegenhalten, daß er aufgrund der Sicherungsabrede nur gegen Aushändigung der Löschungspapiere (Grundschuldbrief, löschungsfähige Quittung; vgl. § 1144 BGB) zu zahlen braucht (§ 404 BGB). Hierzu ist der Erwerber nicht in der Lage, da diese Papiere der neue Grundschuldinhaber besitzt.
Aus § 1157 BGB ergibt sich dagegen: Der neue Eigentümer-Schuldner kann dem Grundschuldinhaber die Sicherungsabrede nur dann entgegenhalten, wenn dieser sie kannte oder wenn sie aus dem Grundbuch zu ersehen war. Die Einrede aus der Sicherungsabrede bezog sich ja nicht nur auf die Geltendmachung der Forderung, sondern auch auf die der Grundschuld.
Mithin hätte der Eigentümer-Schuldner dem alten Gläubiger bei der isolierten Geltendmachung der Grundschuld entgegenhalten können, daß er hierzu nicht berechtigt sei, sondern nur unter gleichzeitiger Geltendmachung auch der Forderung.
Der Eigentümer-Schuldner darf durch eine Übertragung der Grundschuld auf einen Dritten grundsätzlich nicht schlechter gestellt werden. Deshalb steht ihm diese Einrede gegenüber dem Dritterwerber der Grundschuld - im Interesse des Verkehrsschutzes - auch nur dann zu, wenn dieser die Einrede kannte oder wenn sie sich aus dem Grundbuch ergab (§ 1157 S.2 BGB).
Daher sind die aus der Sicherungsabrede sich ergebenden Einreden des Eigentümer-Schuldners eintragungsfähig.

7.3.5. Der Rückübertragungsanspruch

Wie bereits ausgeführt, kann dem Grundstückseigentümer aus verschiedenen Gründen ein Anspruch gegen den Grundschuldgläubiger auf Übertragung der Grundschuld zustehen.
Einen solchen Rückübertragungsanspruch kann der Eigentümer nach seiner Wahl auch auf den Verzicht auf die Grundschuld (§§ 1168, 1169 BGB) durch den Gläubiger oder auf ihre Aufhebung (Löschung) gemäß § 1183 BGB richten.
Der Gläubiger erfüllt den Anspruch auf Rückgewähr der Grundschuld durch ihre Abtretung an den Eigentümer gemäß § 1154 BGB. Damit erwirbt der Eigentümer die bisherige Fremdgrundschuld als Eigentümergrundschuld. Macht der Eigentümer den Anspruch auf Verzicht geltend, so erwirbt er mit der Abgabe der Verzichtserklärung durch den Gläubiger und deren Eintragung auch die Grundschuld. Dann muß aber das Grundbuch noch dahingehend geändert werden, daß nun der Eigentümer als Grundschuldinhaber eingetragen ist.
Nach §§ 875, 876 erfordert die Aufhebung der Grundschuld neben der Aufgabeerklärung des Gläubigers noch die Zustimmungserklärung des Eigentümers (§ 1183 BGB), da mit der Löschung des Rechts die Rangstelle verloren geht und nachfolgende Belastungen aufrücken.
Der schuldrechtliche Rückübertragungsanspruch kann abgetreten (§§ 398 ff BGB), verpfändet (§§ 1273 ff BGB) und gepfändet (§ 857 ZPO) werden.
Der Rückübertragungsanspruch entsteht, wenn die Sicherungsabrede unwirksam ist; er beruht dann auf § 812 Abs. 1 Nr.1 bzw. § 812 Abs.1 Nr. 2 Fall 1 BGB. Er ist dann nicht gegeben, wenn die Forderung zwar nicht (wirksam) entstanden ist, aber noch wirksam werden kann.
Beispiel: Der Gläubiger zahlt das Darlehen doch noch aus. Kann die Forderung aber nicht entstehen, weil etwa der Gläubiger die Valutaauszahlung endgültig verweigert hat oder weil der Darlehensvertrag nichtig ist, ergibt sich der Rückübertragungsanspruch entweder aus der Sicherungsabrede oder aus § 812 Abs.1 Nr.2 Fall 2 BGB.

7.3.6. Der Umfang der Grundschuldhaftung

Wie bei der Hypothek, vgl. § 1120 ff. BGB.

7.3.7. Die Durchsetzung der Grundschuld

Das Verfahren ist wie bei der Hypothek. Diesbezügliche Ausführungen gelten aber nur zum Teil, dazu wie folgt. In dem Sicherungsvertrag, der äußerlich regelmäßig mit dem Darlehensvertrag verbunden ist, werden Abreden über die Grundschuld getroffen. Etwa: Wann die Grundschuld zu bestellen ist, wann verwertet werden darf, wann die Grundschuld an den Eigentümer "zurückzugeben" ist.

7.3.8. Die Zahlungen

Die hier interessierende Frage könnte lauten: Wann wird nur auf die Forderung oder auch auf die Grundschuld gezahlt?
Dies kann entweder auf der Sicherungsabrede beruhen oder richtet sich, bei Fehlen von Abreden, nach dem Willen des Leistenden, soweit er sich aus den Umständen ergibt.
Grobe Regel: Ratenzahlungen erfolgen meist nur auf Forderung; Zahlungen in einer Summe auch auf die Grundschuld. Wenn Eigentümer und persönlicher Schuldner auseinanderfallen, ergeben sich Besonderheiten. Zahlt der Eigentümer, wird die Grundschuld gemäß § 1143 BGB zur Eigentümergrundschuld. Allerdings geht hier die gesicherte Forderung nicht automatisch auf den Eigentümer über!
Der Eigentümer hat aber einen Anspruch gegen den Gläubiger auf Abtretung der Forderung. Hierbei beruht der Anspruch auf der Sicherungsabrede (Sicherungsvertrag).
Alternative: Zahlt der Schuldner, erlischt die Forderung gemäß § 362 BGB. Die Grundschuld bleibt bestehen. Der Eigentümer hat aber nun gegen den Gläubiger einen Rückübertragungsanspruch aus § 812 Abs.1 BGB und der Sicherungsabrede (Sicherungsvertrag).

8. Die Dienstbarkeiten, §§ 1018, 1090, 1030 BGB

8.1. Allgemeines

Die wirksam bestellte Dienstbarkeit verpflichtet den Eigentümer des belasteten Grundstücks, fremde Handlungen bzw. Maßnahmen zu dulden oder eigene Handlungen bzw. Maßnahmen zu unterlassen. Dies ergibt sich aus dem durch die Einigung und Eintragung festgelegten Inhalt.
Dienstbarkeiten können sein:
– Grunddienstbarkeit (§ 1018 BGB),
– beschränkte persönliche Dienstbarkeiten (§ 1090 BGB),
– oder Nießbrauch (§ 1030 BGB).

Die ersten beiden Dienstbarkeiten unterscheiden sich dadurch, daß die beschränkte persönliche Dienstbar-

keit nicht dem jeweiligen Eigentümer eines anderen Grundstücks zusteht, sondern an eine bestimmte Person gebunden ist.
Der in § 1019 BGB angesprochene sog. Grundstücksvorteil ist bei einer beschränkt persönlichen Dienstbarkeit nach § 1090 Abs. 2 BGB nicht erforderlich. Auch ein persönliches Interesse des Berechtigten ist keine Voraussetzung für eine beschränkt persönliche Dienstbarkeit.
Hier soll vielmehr jedes eigene oder fremde schutzwürdige Interesse genügen.
Der Nießbrauch im Sinne des § 1030 BGB erlaubt ein umfassendes Nutzungsrecht. Noch besser: Dem Nießbraucher stehen in der Regel alle Nutzungen aus der nießbrauchsbelasteten Sache zu und er erwirbt nach § 954 BGB an den Erzeugnissen und sonstigen Bestandteilen des Grundstücks mit der Trennung das Eigentum. Schlecht für den Eigentümer: Er ist grundsätzlich von jeder Nutzung seines nießbrauchsbelastenden Grundstücks ausgeschlossen, während bei den "Dienstbarkeiten" im engeren Sinne der Grundeigentümer nur einzelne Maßnahmen oder Handlungen dulden bzw. unterlassen muß.

8.2. Das Entstehen der Dienstbarkeiten gem. §§ 873, 1018, 1090, 1030 BGB

Das Entstehen der Dienstbarkeit erfordert:
– bestimmte Einigung
– gesetzlich zulässiger Inhalt
– Eintragung in das Grundbuch.
Zur Zeit der Eintragung muß noch ein Einigsein gegeben sein.
Gemäß § 873 Abs.2 BGB kann aber die Widerrufsmöglichkeit beschränkt sein. Der Verfügende muß Berechtigter sein.
Will der Nichtberechtigte erwerben, müssen die Voraussetzungen des § 892 BGB gegeben sein.

8.2.1. Die Bestimmtheit der Einigung

Die nötige sachenrechtliche Bestimmtheit der Einigung hinsichtlich der Begründung einer Dienstbarkeit ist nur dann vorhanden, wenn sich aus dem Inhalt der Einigung - möglichst auch erst nach Auslegung - eindeutig ergibt, welche Handlungen oder Maßnahmen der Grundeigentümer des dienenden Grundstücks dulden und welche Art der tatsächlichen Benutzung er unterlassen muß.

8.2.2. Der nach §§ 1018, 1090 Abs.1 BGB zulässige Inhalt der Einigung

Die Einigung muß darauf gerichtet sein, den Eigentümer im tatsächlichen Gebrauch seines Grundstücks einzuschränken.

Der Hauptinhalt einer Dienstbarkeit darf nicht in der Verpflichtung zu einem aktiven Tun des Eigentümers bestehen. Beispiel: Ein Grundstückseigentümer verpflichtet sich gegenüber einem Verkehrsverein e.V., auf seinem Grundstück ein Hotel zu errichten. Dann darf eine solche Dienstbarkeit nicht eingetragen werden. Sie hat unzulässigerweise eine Verpflichtung des Eigentümers zur Errichtung eines Hotels und mithin ein aktives Tun zum Hauptinhalt.

Will der Grundstückseigentümer das Grundstück und die darauf befindlichen Gebäude nicht ungenutzt und leer liegen lassen, verbleibt ihm nur eine sinnvolle Nutzungsmöglichkeit. Dies steht der Zulässigkeit der Dienstbarkeit nicht entgegen.

8.2.3. Die Dienstbarkeiten, die die gewerbliche Tätigkeit des Grundeigentümers beschränken

Um beurteilen zu können, ob Wettbewerbsklauseln und Verkaufsbeschränkungen, die vor allem im Brauerei- und Gaststättengewerbe sowie im Tankstellengewerbe üblich sind, Inhalt einer Dienstbarkeit sein können, muß man differenzieren:

– Ist es dem Eigentümer untersagt, generell bestimmte Produkte zu lagern, zu vertreiben usw., dann wird der Eigentümer in seiner Eigentumsberechtigung beschränkt. Er hat es zu unterlassen, auf seinem Grundstück bestimmte Handlungen vorzunehmen bzw. anderen die Vornahme zu gestatten. Solche Dienstbarkeiten sind durchaus zulässig.

– Ist es im Gegenzug dem Eigentümer gestattet, bestimmte Produkte zu lagern bzw. zu vertreiben, lediglich einzelne Produkte von Konkurrenzunternehmen nicht, dann kann diese "Wettbewerbsbeschränkung" nicht zum Inhalt der Dienstbarkeit gemacht werden.

8.2.4. Die Belastung als Vorteil der Grundstücksbenutzung

Nach § 1019 BGB kann die Grunddienstbarkeit im Sinne des § 1018 BGB nur in einer Belastung bestehen, die für die Benutzung des herrschenden Grundstücks vorteilhaft, d.h. objektiv nützlich ist. Dann muß der Vorteil für die Benutzung des herrschenden Grundstücks aber von gewisser Dauer sein. Nicht ausreichen soll im Rahmen des § 1019 BGB dagegen ein einmaliger oder nur kurzfristiger Vorteil.

Allerdings kann die Grunddienstbarkeit auch hinsichtlich eines künftigen Vorteils bestellt werden. Dann müssen aber objektive Anhaltspunkte für seinen Eintritt vorliegen. Die bloße Möglichkeit des Eintritt genügt nicht.

Eine Grunddienstbarkeit, die für die Benutzung des herrschenden Grundstücks keinen Vorteil bietet, ist nichtig.

Die Grunddienstbarkeit erlischt, wenn der durch sie dem herrschenden Grundstück gewährte Vorteil nachträglich wegfällt. Dabei muß es sich allerdings um einen endgültigen oder dauerhaften Wegfall jeglicher Vorteilsgewährung handeln.

8.2.5. Die beschränkt persönliche Dienstbarkeit, § 1090 BGB

Hier ist eine Beschränkung auf eine bestimmte Art des Vorteils nicht vorgesehen.

Die Bestellung einer beschränkten persönlichen Dienstbarkeit erfordert lediglich, daß überhaupt ein rechtsschutzwürdiges Interesse besteht. Eine solche Dienstbarkeit entsteht nicht bzw. geht unter, wenn sie aus tatsächlichen Gründen unmöglich ist bzw. für niemanden einen erlaubten Vorteil bietet.

8.2.6. Die Bestellung einer Dienstbarkeit durch den Eigentümer am eigenen Grundstück

Der Eigentümer hat das Recht, sein Grundstück umfassend für seine Zwecke zu nutzen und zu benutzen. Deshalb hat er in der Regel kein Bedürfnis, sein Eigentum mit einer Dienstbarkeit zu eigenen Gunsten zu belasten. Die Dienstbarkeit kann ihm keine weiteren Rechte einräumen.

Allerdings im Einzelfall, insbesondere wenn ein bestimmter Grundstücksteil oder benachbartes Grundstück weiterveräußert werden soll, kann er das Bedürfnis haben, das eigene Grundstück mit einer Dienstbarkeit zu belasten.

8.2.7. Der Anspruch auf dingliche Sicherung eines schuldrechtlichen Anspruchs

Der Inhaber eines schuldrechtlichen Anspruchs kann nicht erst dann, wenn die Realisierung des schuldrechtlichen Anspruchs in Gefahr kommt, eine dingliche Absicherung verlangen.

Daran gibt es auch nichts zu rütteln, wenn die Verpflichtung hinsichtlich eines Grundstücks besteht und die Verpflichtung nur eben solange erbracht werden kann, wie der Schuldner Rechtsinhaber ist. Für die Entstehung einer Verpflichtung zur Bestellung eines dinglichen Rechts müssen sich die Parteien schuldrechtlich einigen.

Eine solche Einigung kann auch im Wege der ergänzenden Vertragsauslegung ermittelt werden. Mit dieser Einigung entsteht ein Anspruch auf Abgabe der dinglichen Einigungserklärung und der Eintragungsbewilligung.

8.3. Die Rechte und Pflichten des Inhabers der Dienstbarkeit

Der Berechtigte erwirbt mit dem Entstehen der Dienstbarkeit ein gegenüber jedermann wirkendes absolutes Recht gemäß dem Inhalt der Einigung und Eintragung.

8.4. Die Verfügung über Dienstbarkeiten

Die Dienstbarkeiten können selbständig weder übertragen noch belastet werden. Über diese beschränkt dinglichen Rechte kann nur im Wege der inhaltlichen Änderung und der Aufhebung verfügt werden.

8.4.1. Die Grunddienstbarkeit als subjektivdingliches Recht

Hier handelt es sich um einen wesentlichen Bestandteil des herrschenden Grundstücks.
Deshalb ist diese Dienstbarkeit untrennbar mit dem herrschenden Grundstück verbunden, § 96 BGB. Sie darf daher nicht selbständig übertragen werden, aber schuldrechtlich zur Ausübung überlassen werden (an Pächter, Mieter usw.).

8.4.2. Die beschränkte persönliche Dienstbarkeit, § 1090 BGB, und der Nießbrauch, § 1030 BGB

Diese können nicht übertragen werden und sind nicht vererblich. Sie sind höchstpersönlich. § 1092 Abs.1 S.2 BGB erlaubt für die beschränkt persönliche Dienstbarkeit, die Ausübung einem anderen zu überlassen, sofern die Überlassung gestattet ist.
Die Gestattung selbst kann eingetragen werden. Dagegen ist die Überlassung zur Ausübung nicht eintragungsfähig. Der Dritte erwirbt dann kein dingliches Recht.
Die Nießbrauchsausübung kann, schuldrechtlich, einem anderen überlassen werden.
Gemäß § 1059 S.2 BGB erübrigt sich die Gestattung der Überlassung. Wird die Nießbrauchsüberlassung vertraglich festgelegt, so ist dies zulässig. Allerdings entfaltet dies dann dingliche Wirkung, wenn im Grundbuch eingetragen.

9. Die Reallasten, §§ 1105 ff. BGB
9.1. Allgemeines

§ 1105 BGB verpflichtet den Eigentümer des belasteten Grundstücks gegenüber dem Reallastberechtigten zu wiederkehrenden Leistungen aus dem Grundstück.

Entgegen dem Wortlaut des § 1105 BGB, müssen dies wiederkehrenden Leistungen allerdings nicht in Natur aus dem Grundstück erbracht oder mit dem Grundstück in Beziehung stehen.
Hier soll nur klargestellt werden, daß im Falle der Nichterbringung der Leistung das belastete Grundstück verwertet werden darf. Damit zielt die Gesetzesformulierung auf die Grundstückhaftung ab. Es handelt sich immer um eine subjektiv dingliche Reallast nach § 1105 Abs. 2 BGB, wenn der jeweilige Eigentümer des anderen Grundstücks berechtigt ist, die Leistung zu verlangen.
Ist aber eine natürliche oder juristische Person leistungsberechtigt, so handelt es sich um eine subjektiv persönliche Reallast, § 1105 Abs.1 BGB.

9.2. Die Entstehen der Reallast durch Einigung und Eintragung, §§ 873, 1105 BGB

9.2.1. Der Inhalt der Einigung

Die Reallast muß eine Verpflichtung zu wiederkehrenden Leistungen zum Inhalt haben.
Die Leistungspflicht kann aber nur dann als Reallast bestellt werden, wenn sie dem sachlichen Bestimmtheitsgrundsatz entspricht. Dabei soll genügen, wenn die aus dem Grundstück zu entrichtende wiederkehrende Leistung nach Art und Umfang sowie nach Gegenstand bestimmbar ist. Auch außerhalb der Grundbucheintragung und Eintragungsbewilligung liegende Umstände können herangezogen werden, soweit sie nachprüfbar sind und auf sie im Grundbuch bzw. in der Eintragungsbewilligung hingewiesen wird.

9.3. Die Rechtsfolgen mit Entstehung der Reallast

- Der jeweilige Eigentümer des belasteten Grundstücks muß dem Reallastgläubiger die nach dem Inhalt der Einigung geschuldeten Leistungen erbringen. Das Grundstück haftet für die einzelnen Leistungsverpflichtungen. Der Gläubiger kann also Erfüllung verlangen. Gemäß §§ 1107, 1147 BGB kann er bei Nichterfüllung die Zwangsvollstreckung in das Grundstück betreiben.
- Laut § 1108 BGB haftet auch jeder Grundeigentümer persönlich für die Leistungsverpflichtung.

9.4. Die Verfügung über die Reallast

Die subjektiv dingliche Reallast wird mit dem herrschenden Grundstück übertragen.

Die beschränkt persönliche Reallast - soweit sie übertragbar gestellt worden ist - wird durch Vertrag übertragen.

10. Das Erbbaurecht, §§ 1012 - 1017 BGB, ErbbauVO

10.1. Der Begriff des Erbbaurechts

Das Erbbaurecht gewährt dem Berechtigten das veräußerliche und vererbliche Recht, auf oder unter der Oberfläche des Grundstücks ein Bauwerk zu haben (§ 1 Abs.1 ErbbauVO).

Beim Erbbaurecht gewährt also der Grundstückseigentümer einem Interessenten die Möglichkeit, sein Grundstück in der Weise zu bebauen, daß der Bauherr Eigentümer des Bauwerks wird.

Das Erbbaurecht ist in der Verordnung über Erbbaurecht (ErbbauVO) vom 15.01.1919 geregelt. Angesichts der steigenden und teilweise unerschwinglichen Grundstückspreise ist es heute nicht mehr wegzudenken.

Insbesondere Gemeinden und die öffentliche Hand sowie kirchliche Institutionen geben zu oft sehr günstigen Preisen Erbbaurechte an minderbemittelte Schichten oder gemeinnützige Institutionen aus. Angesichts steigender Grundstückspreise hat sich das Erbbaurecht aber auch in anderen Bereichen (etwa dem gewerblichen Bereich) weitgehend durchgesetzt. Das Erbbaurecht erstreckt sich über einen langen Zeitraum und bedarf deshalb umfangreicher und eingehender Vereinbarungen.

10.2. Das beschränkt-dingliche Recht

Das Erbbaurecht ist ein beschränkt dingliches Recht an einem fremden Grundstück.

Entsprechend § 11 Abs.1 ErbbauVO i.V.m. § 873 BGB setzt dessen Entstehung folgendes voraus:
- formlose Einigung
- die Eintragung im Grundbuch
- das Einigsein
- die Berechtigung.

Die Übertragung ist gemäß § 873 BGB möglich.

Die Einigung bedarf keiner Form.

Der Bestellung des Erbbaurechts liegt ein schuldrechtlicher Vertrag zugrunde. Dieser bedarf ebenso wie der Grundstückskaufvertrag der Form des § 313 S.1 BGB, vgl. § 11 Abs.2 ErbbauVO (notarielle Beurkundung).

In der Nutzung des fremden Grundstücks liegt als Baugrund das Wesentliche des Erbbaurechts. Sollte diese Nutzungsmöglichkeit bei Bestellung des Erbbaurechts aus Rechtsgründen dauernd ausgeschlossen sein, kann das Erbbaurecht nicht wirksam entstehen, weil es inhaltlich unzulässig wäre.

Beispiel: wenn der Bebauungsplan auf dem Erbbaugrundstück nur Grünflächen vorsieht.

10.3. Das Erbbaurecht als grundstücksgleiches Recht

Das Erbbaurecht ist ein grundstückgleiches Recht. Deshalb wird es grundsätzlich wie das Grundstück als Sache und nicht als Recht behandelt.

Das bedeutet:
- Es erhält ein eigenes Grundbuchblatt (Erbbaugrundbuch), § 14 ErbbauVO.
- Es kann wie ein Grundstück belastet werden.
- Es wird wie das Grundeigentum geschützt.
- Das in Ausübung des Erbbaurechts errichtete Gebäude wird wesentlicher Bestandteil des Erbbaurechts, § 12 Abs.1 ErbbauVO.
- Die §§ 94, 95 BGB sind auf das Erbbaurecht analog anwendbar, § 12 Abs.1 ErbbauVO.

Stets ist dabei aber zu beachten, daß das Erbbaurecht - trotz seiner Gleichstellung mit dem Grundstück - aus der Sicht des Grundstückseigentümers ein auf seinem Grundstück lastendes beschränktes dingliches Recht ist.

10.4. Die wirtschaftliche Bedeutung

Seitens des Erbbauberechtigten liegt die wirtschaftliche Bedeutung des Erbbaurechts darin, daß er einen Bauplatz erhält. Hierfür muß er keinen Kaufpreis zahlen, sondern den meist in wiederkehrenden Leistungen zu erbringenden Erbbauzins (§ 9 ErbbauVO). Sein Anfangskapital kann er demnach ganz für das Bauwerk selbst verwenden.

Weiterhin kann sich der Erbbauberechtigte - weil das Erbbaurecht belastbar und das zu errichtende Gebäude wesentlicher Bestandteil des Erbbaurechts ist - durch Belastung des Erbbaurechts Mittel zur Finanzierung des Baues beschaffen.

Der Grundeigentümer hat den Vorteil, daß er Eigentümer des Bodens bleibt, so daß ihm ein Wertzuwachs zugute kommt. Er erhält den Erbbauzins, und nach Erlöschen des Erbbaurechts (in der Regel 99 Jahre) fällt ihm das Bauwerk gegen eine Entschädigung zu (§ 27 ErbbauVO).

10.5. Das Erlöschen des Erbbaurechts

Das Erbbaurecht erlischt durch Zeitablauf oder aufgrund Aufhebung durch den Berechtigten, § 875 BGB, unter Zustimmung des Grundstückseigentümers, § 26 ErbbauVO.

Grundstücks- und Grundbuchrecht

11. Das dingliche Vorkaufsrecht, §§ 1094 ff. BGB

11.1. Allgemeines

11.1.1. Der Zweck

Das dingliche Vorkaufsrecht nach §§ 1094 ff. BGB ermöglicht dem Berechtigten, von dem Verpflichteten das belastete Grundstück zu denselben Bedingungen zu kaufen, zu denen der Verpflichtete es an einen Dritten verkauft hat.
Dem Berechtigten ist es also möglich, in einen Kaufvertrag des Verpflichteten mit einem Dritten "einzusteigen".

11.1.2. Die Rechtsnatur

Das dingliche Vorkaufsrecht stellt eine dingliche Belastung des Grundstücks dar. Es stellt einen doppelt bedingten Kauf dar:
1. Bedingung: Eintritt des Vorkaufsfalls,
2. Bedingung: fristgerechte Ausübung des Vorkaufsrechts.

11.1.4. Die gesetzlichen Vorkaufsrechte

Dingliches und persönliches Vorkaufsrecht stellen rechtsgeschäftlich bestellte Vorkaufsrechte dar. Sie schaffen eine Bindung des Verpflichteten. Diese aktualisiert sich erst, wenn dieser sich von seiner Sache trennen will. Gesetzliche Vorkaufsrechte sind auch in Bundes- und Landesrecht enthalten. Sie dienen als Mittel staatlicher Bodenpolitik. Beispiel: §§ 24 - 28 BauGB - Vorkaufsrecht der Gemeinde.

11.2. Die Entstehungsvoraussetzungen

Das dingliche Vorkaufsrecht entsteht wie jedes andere dingliche Recht gemäß § 873 Abs.1 BGB durch Einigung mit dem Inhalt des § 1094 Abs.1 BGB und Eintragung ins Grundbuch.
- Einigung (§§ 873 Abs.1, 1094 Abs.1 BGB) der Parteien darüber, daß der Eigentümer für den Fall des Verkaufs verpflichtet sein soll, das Grundstück an den Vorkaufsberechtigten zu übertragen, falls dieser das Vorkaufsrecht ausübt,
- Eintragung (§ 873 Abs.1 BGB) des Vorkaufsrechts entsprechend der Einigung,
- Einigsein im Zeitpunkt der Eintragung,
- Verfügungsberechtigung des Verpflichteten, unter Umständen gutgläubiger Erwerb gemäß § 892 BGB.
Eine Preislimitierung ist ausgeschlossen.

11.2.1. Der Gegenstand

Belastungsgegenstand kann nur ein Grundstück oder ein Erbbaurecht sein.
Allerdings erstreckt sich das Vorkaufsrecht nach § 1096 BGB auch auf das Zubehör des Grundstücks (§§ 397, 98 BGB).
Der Berechtigte erwirbt das Zubehör aus § 926 BGB. Entsprechend § 1095 BGB ist auch ein einzelner Miteigentumsanteil belastbar.

11.2.2. Der Berechtigte

Berechtigter kann nach § 1094 Abs.1 BGB eine bestimmte natürliche oder juristische Person sein (subjektiv-persönliches Vorkaufsrecht).
Allerdings kann dies nach § 1094 Abs. 2 BGB auch der jeweilige Eigentümer des anderen Grundstücks sein (subjektiv-dingliches Vorkaufsrecht).
Beide Alternativen schließen sich gegenseitig aus. Wurde ein subjektiv-persönliches Recht bewilligt, aber ein subjektiv-dingliches Recht eingetragen, so entsteht das erstere als "minderes Recht", nicht aber umgekehrt. Unzulässig ist auch eine Umwandlung der einen in die andere Form.
Wird eine Umwandlung erwünscht, muß zunächst das eine Vorkaufsrecht aufgehoben und sodann das andere umbestellt werden.
Möglich ist auch ein Vorkaufsrecht zugunsten mehrerer Miteigentümer. Diese dürfen ihr Recht nach §§ 1098 Abs.1 S.1, 513 BGB aber nur gemeinsam ausüben.

11.2.3. Der Inhalt

Der Inhalt des dinglichen Vorkaufsrechts ergibt sich über § 1098 Abs.1 S.1 BGB im wesentlichen aus §§ 504 - 514 BGB.
Da es sich um ein dingliches Recht handelt, besteht nur wenig inhaltliche Gestaltungsfreiheit.

11.2.4. Mehrere Vorkaufsrechte

Grundsätzlich können an einem Grundstück auch mehrere Vorkaufsrechte bestehen. Das rangbessere Recht setzt sich dann im Vorkaufsfall durch.
Das rangschlechtere kann dann ausgeübt werden, wenn der Berechtigte aus dem rangbesseren Vorkaufsrecht auf die Ausübung verzichtet. Das rangschlechtere erlischt bei Ausübung des rangbesseren,

sofern es nicht für mehrere Vorkaufsrechte bestellt worden war.
Ein Gesamtvorverkaufsrecht an mehreren Grundstükken ist nicht möglich.

11.2.5. Die Berechtigung

Bei Bestellung des Vorkaufsrechts muß der Vorkaufsverpflichtete zur Verfügung berechtigt sein. Bei Fehlen dieser Berechtigung kommt unter Umständen ein gutgläubiger Erwerb nach § 892 BGB in Betracht.

11.3. Die Übertragung

11.3.1. Das subjektiv-persönliche Vorkaufsrecht

Nach §§ 1098 Abs.1 S.1, 514 BGB ist ein subjektivpersönliches Vorkaufsrecht grundsätzlich nicht übertragbar oder vererbbar.

Allerdings bieten die §§ 873, 877 BGB die Möglichkeit, durch Einigung und Eintragung eine abweichende Vereinbarung zu treffen. Dann erfolgt die Übertragung nach § 873 BGB.
Grundsätzlich unzulässig bzw. ausgeschlossen sind:
– Belastung mit einem Nießbrauch, § 1068 BGB
– Verpfändung, § 1274 Abs.2 BGB.

11.3.2. Das subjektiv-dingliche Vorkaufsrecht

Da ein subjektiv-dingliches Vorkaufsrecht untrennbar mit dem Eigentum verbunden ist, ist es weder übertragbar, noch pfändbar oder belastbar. Nach § 96 BGB erfassen Verpfändung oder Belastung des herrschenden Grundstücks auch das Vorkaufsrecht.

11.4. Das Erlöschen

Das für einen Vorkaufsfall bestellte Vorkaufsrecht erlischt mit:
– Ausübung
– Verzicht auf die Ausübung
– Ablauf der Ausübungsfrist, § 510 Abs. 2 BGB (bei Grundstücken: 2 Monate) oder
– Übereignung des Grundstücks an einen Dritten ohne Eintritt des Vorkaufsfalls
– Aufhebung nach §§ 875, 876 BGB oder
– Eintritt einer wirksam zum Rechtsinhalt gemachten auflösenden Bedingung.

11.5. Die Ausübung des Vorkaufsrechts
11.5.1. Der Auflassungsanspruch

Der Vorkaufsberechtigte hat gegen den Vorkaufsverpflichteten einen Auflassungsanspruch nach §§ 433 Abs.1, 505 Abs.2, 504, 1098 Abs.1 S.1, 1094 Abs.1, 873 Abs.1 BGB, wenn folgende Voraussetzungen erfüllt sind:
– wirksam entstandenes dingliches Vorkaufsrecht
– Eintritt des Vorkaufsfalls
– wirksame Ausübung des Vorkaufsrechts.

11.5.2. Der Vorkaufsfall

Mit Abschluß eines formwirksamen Kaufvertrages zwischen Vorkaufsverpflichteten und dem Dritten liegt nach §§ 1098 Abs.1 S.1, 504 BGB ein Vorkaufsfall vor.

11.5.3. Kein Vorkaufsfall

Ein Vorkaufsfall liegt in folgenden Fällen nicht vor:
– Tausch (auch bei Barzulage)
– sonstiges Erwerbsgeschäft
– Schenkung
– Versteigerung im Wege einer Zwangsvollstreckung
  Verkauf im Wege der Zwangsvollstreckung oder
    ☐ durch Konkursverwalter, § 1098 Abs.1 S.1, 512 BGB
    ☐ anderer Konkursverwalter verkauft Grundstück "aus freier Hand", § 1098 Abs.1 S. 2 BGB
    ☐ Verkauf an einen gesetzlichen Erben, §§ 1098 Abs.1 S.1, 511 BGB
    ☐ oder dessen Ehegatten
    ☐ oder sonstiger Erbauseinandersetzungen

– Übertragung eines Miteigentumsanteils auf einen anderen Miteigentümer, weil Miteigentümer kein dritter ist.
Das Vorkaufsrecht erlischt bei Übereignung ohne Eintritt eines Vorkaufsfalls, wenn es für einen Vorkaufsfall bestellt wurde.

11.5.4. Die wirksame Ausübung

Das Vorkaufsrecht wird durch einseitige, empfangsbedürftige Willenserklärung gegenüber dem Vorkaufsverpflichteten ausgeübt, §§ 1098 Abs.1 S.1, 505 Abs.1 S.1 BGB.
Die Erklärung bedarf keiner Form, §§ 1098 Abs.1, 505 Abs.1 S. 2 BGB.
Die Ausübung des Vorkaufsrechts steht dem Vorkaufsberechtigten nur binnen einer Frist von 2 Mona-

ten nach Mitteilung des Vorkaufsfalls zu, §§ 1098 Abs.1 S.1, 510 Abs. 2 BGB.
Gemäß §§ 1098 Abs.1 S.1, 510 Abs.1 BGB hat der Vorkaufsverpflichtete (Satz 1) oder der Dritte (Satz 2) dem Vorkaufsberechtigten den Inhalt des mit dem Dritten geschlossenen Vertrages unverzüglich mitzuteilen.
Fehlt diese Mitteilung, beginnt die Frist des § 510 Abs.2 BGB nicht zu laufen.

11.5.5. Die Wirkung

Nach §§ 1098 Abs.1 S.1, 505 Abs.2 BGB kommt mit Ausübung des Vorkaufsrechts zwischen dem Vorkaufsberechtigten und dem Vorkaufsverpflichteten ein Kaufvertrag zu den mit dem Dritten vereinbarten Bedingungen zustande.
Die inhaltliche Bindung kann aber nur so weit reichen, wie die Erfüllung dem Vorkaufsberechtigten nach Ausübung seines Rechts möglich ist. Anderenfalls könnten die Parteien durch entsprechende Gestaltung ihrer Vereinbarung die Ausübung des Vorkaufsrechts vereiteln.

11.5.6. Der Schutz des Vorkaufsberechtigten
11.5.6.1. Die Vormerkungswirkung

Gemäß § 1098 Abs. 2 BGB hat das dingliche Vorkaufsrecht gegenüber Dritten eine Vormerkungswirkung nach § 883 Abs. 2 BGB. Verfügungen des Vorkaufsverpflichteten, die erst nach Eintritt des Vorkaufsfalls getroffen sind, sind deshalb gegenüber dem Vorkaufsberechtigten relativ unwirksam, sofern sie das Vorkaufsrecht vereiteln oder beeinträchtigen.
Wurde daher der Dritte bereits ins Grundbuch als neuer Eigentümer eingetragen, steht dem Vorkaufsberechtigten nach §§ 1098 Abs. 2, 888 BGB gegenüber dem Dritten ein Anspruch auf Zustimmung zur Grundbucheintragung zu, also der Eintragung des Vorkaufsberechtigten als Eigentümer. Selbiges gilt für Belastungen, etwa durch Hypothek oder Sicherungsgrundschuld, soweit diese nach Eintritt des Vorkaufsfalls vorgenommmen wurden. Dies bedarf dann der Zustimmung des Belastungsinhabers auf Löschung nach §§ 1098 Abs. 2, 888 BGB.
Sind die Belastungen vor Eintritt des Vorkaufsrechts erfolgt, bleiben sie unberührt.

11.5.6.2. Der Herausgabeanspruch, § 985 BGB

Nahm der Dritte das Grundstück schon in Besitz, muß dem Vorkaufsberechtigten ein Herausgabeanspruch gegen den Dritten zustehen. Ist der Berechtigte bereits als Eigentümer eingetragen, gilt § 985 BGB.
Dies gilt nicht für den umgekehrten Fall.

11.5.6.3. Die Nutzungsherausgabe, §§ 987 ff. BGB

Dem Berechtigten steht im Verhältnis zum Dritten ein direkter Anspruch auf Herausgabe der Nutzungen aus dem Grundstück (§§ 987 ff. BGB) zu, wenn er bereits als Eigentümer eingetragen ist.
Ist der Berechtigte noch nicht als Eigentümer eingetragen, gilt der Dritte als bösgläubiger Besitzer, wenn er das Grundstück in Kenntnis oder grob fahrlässiger Unkenntnis des Vorkaufsrechts vor Ablauf der Ausübungsfrist in Besitz nimmt. Voraussetzung der Bösgläubigkeit ist dabei nicht die Ausübung des Vorkaufsrechts.

11.5.6.4. Sonstiges Recht, § 823 Abs.1 BGB

Das dingliche Vorkaufsrecht ist ein solches sonstiges Recht.
Deshalb ist hier auch ein Schadensersatzanspruch möglich.

11.5.6.5. Art. 14 Abs.1 S.1 GG

Im Bereich des Privatrechts fallen nach neuester Rechtsprechung des BVerfG (NJW 1991, 1807; JuS 1991, 1058) grundsätzlich alle vermögenswerten Rechte in den Schutzbereich des Art.14 Abs.1 S.1 GG.
Diese vermögenswerten Rechte müssen dem Berechtigten von der Rechtsordnung in der Art zugeordnet sein, daß er die damit verbundenen Befugnisse in eigenverantwortlicher Entscheidung zu seinem privaten Nutzen ausüben darf.
Beim dinglichen Vorkaufsrecht trifft dies dann zu, wenn der Vorkaufsfall eingetreten ist.
Dagegen soll vor Eintritt des Vorkaufsfalls lediglich eine nicht geschützte, bloße Erwerbschance bestehen.

Inhaltsverzeichnis